LAS MATEMÁTICAS EN NUESTRO MUNDO

TRABAJEMOS CON NÚMEROS EN LAS NOTICIAS

Por Linda Bussell

Consultora de lectura: Susan Nations, M.Ed.,
autora, consultora de alfabetización/consultora de desarrollo de la lectura

Consultora de matemáticas: Rhea Stewart, M.A.,
especialista en recursos curriculares de matemáticas

Gareth Stevens
PUBLISHING

Please visit our website, www.garethstevens.com.
For a free color catalog of all our high-quality books, call toll free 1-800-542-2595 or fax 1-877-542-2596.

Library of Congress Cataloging-in-Publication Data

Bussell, Linda.
[Working with numbers in the news. Spanish]
Trabajemos con números en las noticias / por Linda Bussell ; consultora de lectura, Susan Nations ; consultora de matemáticas, Rhea Stewart.
p. cm. — (Las matemáticas en nuestro mundo. Nivel 3)
Includes bibliographical references and index.
ISBN-10: 0-8368-9292-5 — ISBN-13: 978-0-8368-9292-5 (lib. bdg.)
ISBN-10: 0-8368-9391-3 — ISBN-13: 978-0-8368-9391-5 (softcover)
1. Statistics—Juvenile literature. I. Title.
QA276.13.B8718 2008
519.5—dc22 2008016883

This edition first published in 2009 by
Gareth Stevens Publishing
111 East 14th Street, Suite 349
New York, NY 10003

Creative Director: Lisa Donovan
Designer: Amelia Favazza, *Studio Montage*
Copy Editor: Susan Labella
Photo Researcher: Kim Babbitt

Spanish edition produced by A+ Media, Inc.
Editorial Director: Julio Abreu
Chief Translator: Luis Albores
Production Designer: Phillip Gill

Photo Credits: cover, title page, p. 4 (left): Brand X/Jupiter Images; p. 4 (right): courtesy of MODIS Rapid Response Project at NASA/GSFC; pp. 5 (top left, bottom left), 13: National Park Service; p. 5 (right): © Kayte M. Deioma/Photo Edit; pp. 10–11: NOAA; 14, 16, 18, 20–21: Photodisc

Printed in the United States

1 2 3 4 5 6 7 8 9 10 09 08

Contenido

Las palabras que aparecen en el glosario están impresas en **negritas** la primera vez que se usan en el texto.

Capítulo 1

Montañas matemáticas

Sarah lee el periódico del domingo en voz alta. Ella es reportera para el periódico de su escuela. Siempre está buscando ideas para sus historias.

Sarah lee sobre los parques nacionales. Los parques protegen las zonas naturales y los animales salvajes. Cualquier persona puede visitar un parque nacional.

La mamá de Sarah dice que una vez visitó el Parque Nacional Yellowstone. Sarah decide escribir un artículo sobre los parques nacionales.

Volcanes

Sarah lee más. En 1872, Yellowstone fue el primer parque nacional. Los parques Sequoia y Yosemite en California fueron convertidos en parques nacionales en 1890.

El Parque Nacional Hawaii Volcanoes fue convertido en un parque en 1916. ¡Tiene uno de los volcanes más activos del mundo! El Parque Nacional Cuyahoga Valley en Ohio fue establecido en el 2000.

Sarah hace una **línea cronológica**. Una línea cronológica es una recta numérica con fechas. Ella va a **ordenar** las fechas. Su hermano Gabe las va a leer en voz alta.

El Parque Nacional Mammoth Cave en Kentucky fue establecido en 1941. Mammoth Cave es la cueva más grande que se conoce en el mundo.

El Parque Nacional Rocky Mountain fue establecido en 1915. Está en Colorado.

El Parque Nacional Biscayne, en Florida, fue establecido en 1980.

Fechas de declaración de parques nacionales

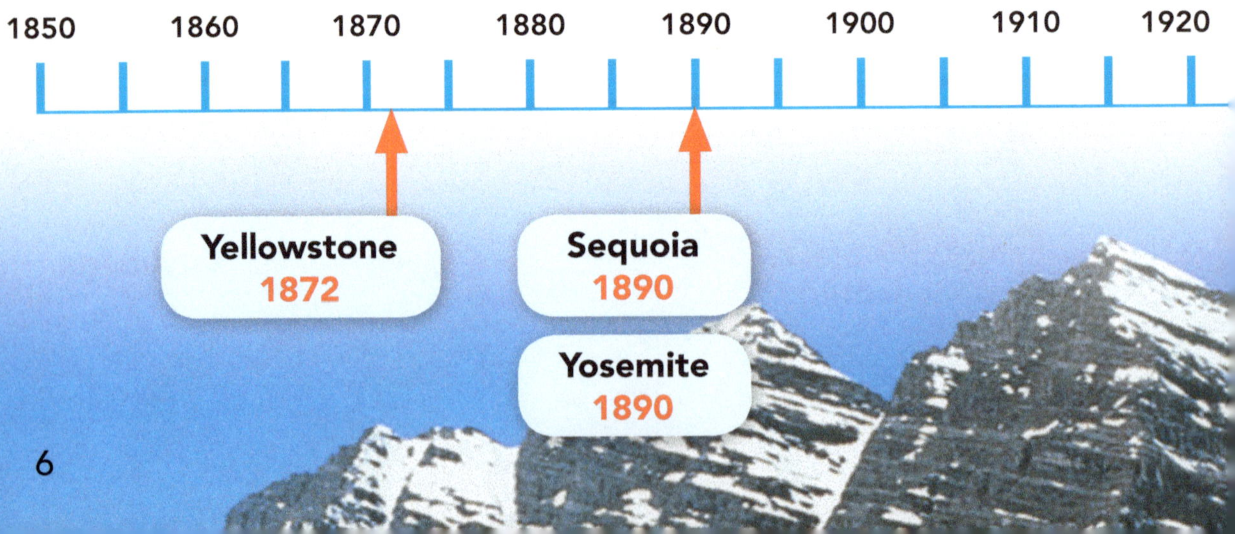

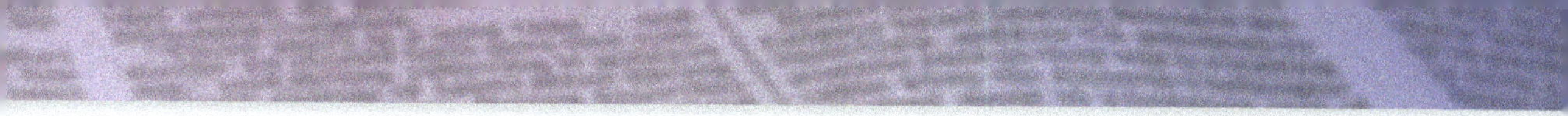

Sarah dibuja una recta. Hace una marca por cada 10 años. Escribe los años arriba de las marcas. La recta va desde 1850 hasta 2000.

Ella pone una marca por cada cinco años, en medio de las marcas de diez años.

Sarah escribe las fechas en su línea cronológica. ¿Dónde debería poner el año 1872? Está entre 1870 y 1875. Ella hace una marca. Escribe "Yellowstone 1872".

Sarah marca Yosemite y Sequoia en la línea cronológica. Ambos están en 1890.

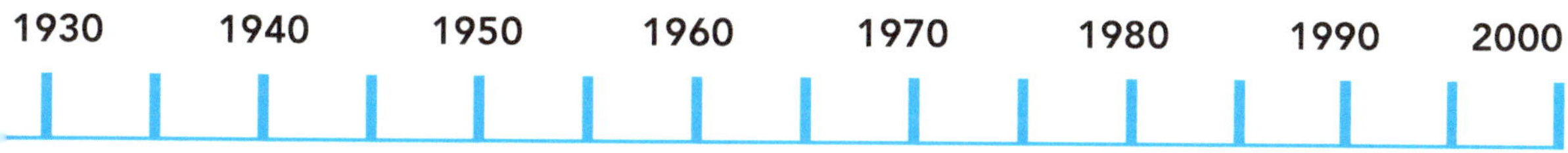

Gabe dice que los dígitos para Biscayne, Yosemite y Sequoia son los mismos.

Sarah asiente con la cabeza. Luego se da cuenta de que el **valor numérico** de los dígitos 8 y 9 está intercambiado. Esto cambia el valor del número.

El Parque Nacional Biscayne fue establecido en 1980, no en 1890. Los dígitos de las decenas y las centenas están invertidos. Gabe dice que 1980 viene 90 años después de 1890. Escribe:

1890 + 90 = 1980

Fechas de declaración de parques nacionales

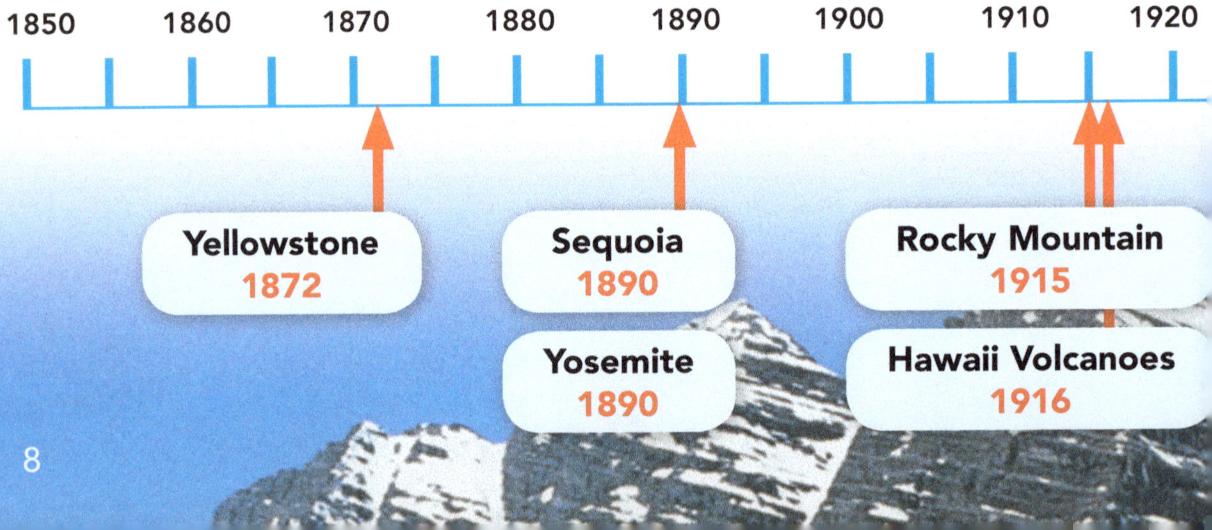

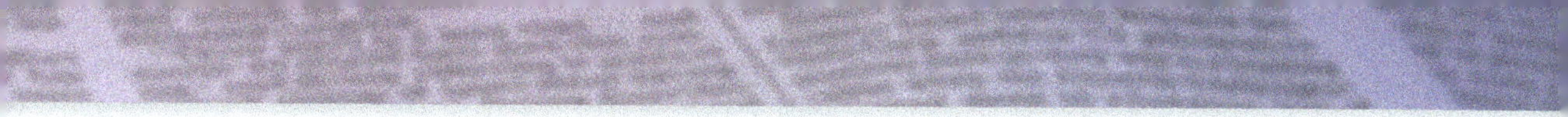

Sarah termina su línea cronológica. Gabe dice que el artículo de Sarah necesita fotos. Él ayuda a buscarlas.

Sarah mira el artículo del periódico nuevamente. La sección siguiente se llama "Picos altos". Trata sobre las montañas en los parques. Sarah sigue leyendo.

La montaña más alta de América del Norte es el monte McKinley. Mide 20,320 pies de altura.

El monte McKinley está en el Parque Nacional Denali en Alaska.

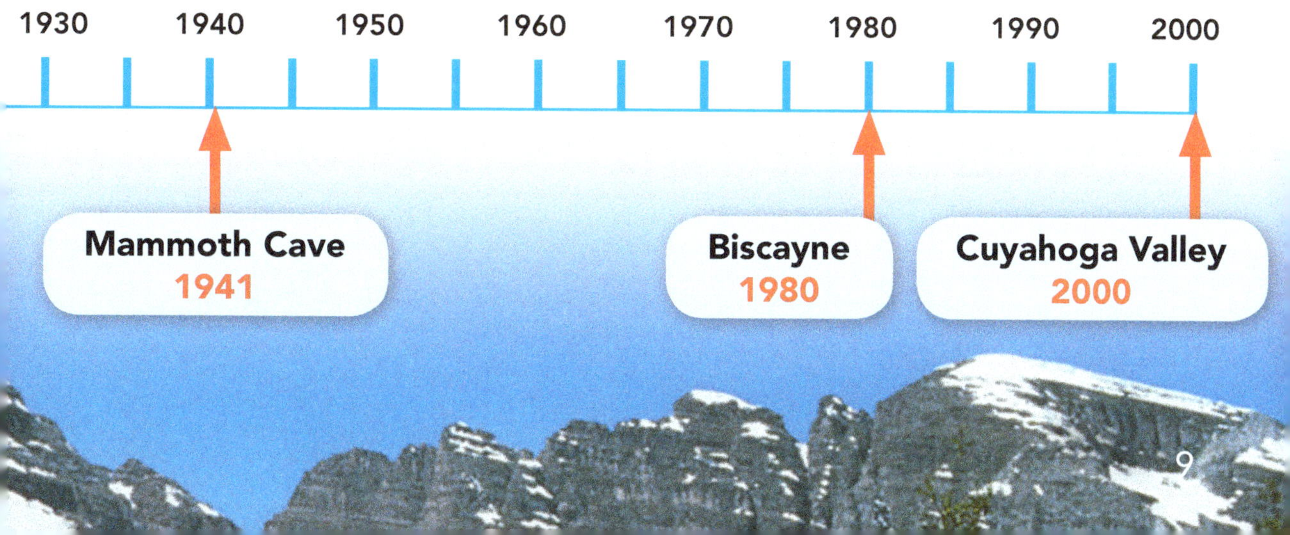

Sarah lee sobre otras montañas altas. Mauna Kea está en el Parque Nacional Hawaii Volcanoes. Mide 13,796 pies de altura. Si se mide desde su base en el fondo del océano, ¡Mauna Kea es la montaña más alta de la Tierra!

El Grand Teton está en el Parque Nacional Grand Teton y mide 13,770 pies de altura.

El monte Whitney está en Sequoia. Mide 14,491 pies de altura.

¡Aunque está en el estado cálido de Hawaii, Mauna Kea es tan alta que está cubierta de nieve!

Alturas de montañas en parques nacionales

Nombre de montaña	Altura
Mount McKinley	20,320 pies
Mount Whitney	14,491 pies
Mauna Kea	13,796 pies
Grand Teton	13,770 pies

Sarah quiere escribir acerca de las montañas. Dibuja una tabla con las alturas de las montañas.

Sarah ordena las alturas de las montañas. Comienza con el lugar de las decenas de millar. El monte McKinley es el más alto. Tiene un 2 en el lugar de las decenas de millar. Las alturas de las otras montañas tienen un 1 en ese lugar.

Sarah compara el lugar de los millares. Luego compara el lugar de las centenas. Ella ordena las montañas desde la más alta hasta la más baja. Son el monte McKinley, el monte Whitney, Mauna Kea y Grand Teton.

Capítulo 2

Cascadas altas

Sarah quiere investigar más. Camina a la biblioteca con Gabe y su mamá. Allá ellos usan las computadoras para buscar en Internet. También encuentran libros sobre los parques nacionales.

Sarah investiga otras cosas que se puedan comparar en los parques nacionales. En el sitio Web del Servicio de los Parques Nacionales, Sarah lee acerca del Parque Nacional Yosemite. Aprende que las cascadas de Yosemite son las más altas de América del Norte. Sarah decide escribir sobre las famosas cascadas de Yosemite.

Alturas de cascadas

Nombre de cascada	Altura
Yosemite Falls	2,425 pies
Bridalveil Fall	620 pies
Nevada Fall	594 pies
Ribbon Fall	1,612 pies

Sarah quiere hacer una tabla que muestre las cascadas de Yosemite ordenadas de acuerdo con la altura.

"Una gráfica de barras sería más fácil de leer", dice Gabe. "Es mejor para comparar las alturas. Será más fácil de dibujar si **redondeamos** los números".

El Parque Nacional Yosemite tiene muchas cascadas bellas.

Altura de Cascadas en el Parque Nacional Yosemite

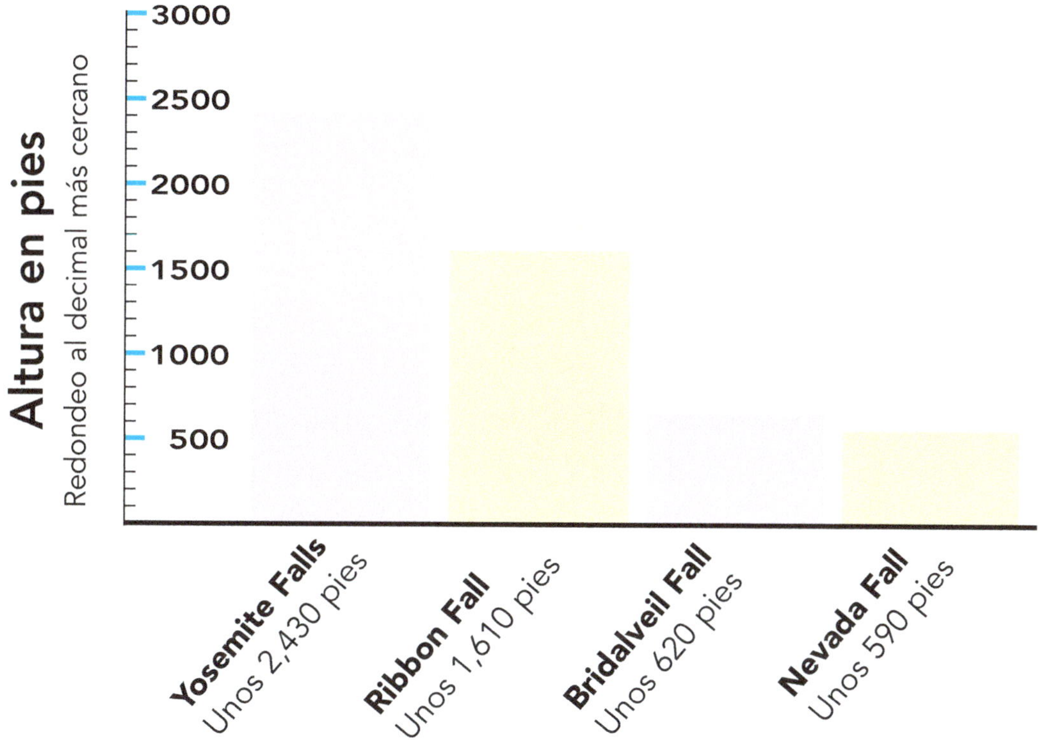

Sarah se da cuenta que si redondea las alturas en el lugar de las centenas, parece que las cascadas Bridalveil y Nevada tienen ambas 600 pies de altura. Si redondea en el lugar de las decenas se podrán ver mejor las diferencias.

Capítulo 3

Para contar animales

Finalmente, ellos buscan información acerca de los animales. Leen que el Parque Nacional Acadia en Maine tiene 326 tipos de aves. Posee 41 tipos de mamíferos y 28 tipos de peces. En total son 395 tipos de animales. Redondeando a la centena más cercana, son aproximadamente 400 tipos diferentes.

El Parque Nacional Rocky Mountain tiene 276 tipos de aves. Posee 56 tipos de mamíferos y 7 tipos de peces. En total son 339 tipos de animales. Redondeando a la decena más cercana, son aproximadamente 340 tipos diferentes.

Las ardillas listadas viven en los parques nacionales Acadia y Rocky Mountain.

Especies de animales en los parques nacionales Acadia y Rocky Mountains

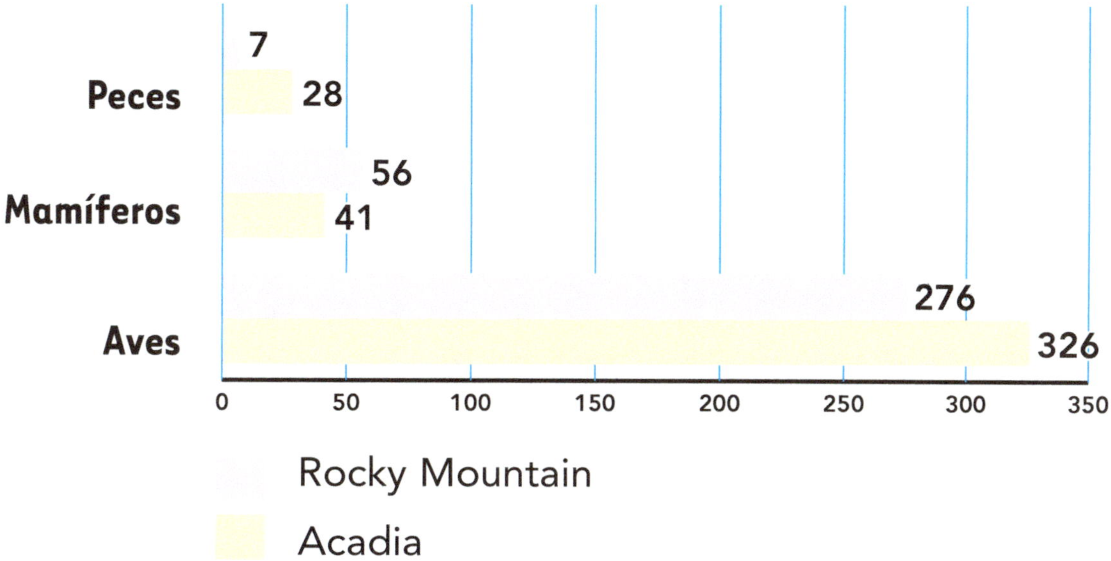

Sarah y Gabe hacen una gráfica de barras. En ella muestran la cantidad de tipos diferentes de aves, mamíferos y peces. Pueden usar la gráfica para hacer comparaciones. La gráfica compara la cantidad de animales en los dos parques. Sarah hace una barra en la gráfica para cada tipo de animal en cada uno de los parques. Gabe quiere mostrar la cantidad total de animales diferentes que hay en cada parque. Sarah piensa que los lectores podrán entenderlo. Pueden usar los datos de la gráfica.

Capítulo 4

¡Infórmate!

Sarah, Gabe y su mamá regresan a casa. Están contentos por todo lo que aprendieron. Preparan la cena. Hablan sobre el artículo. Sarah tiene suficiente información para comenzar a escribir. Dice que su artículo se llamará "Los parques nacionales en números". Gabe dice que es un buen título. El artículo tiene muchos números.

Las Cascadas Yellowstone están en el Parque Nacional Yellowstone.

Sarah organiza su artículo. Ordena y redondea los números. Ordenar y redondear los números ayuda a los lectores a comprender los datos.

Después de la cena, Sarah hace un bosquejo de cómo se verá el artículo. Dibuja rectángulos donde irán las tablas, las gráficas y las fotos. Gabe dibuja mapas e ilustraciones de animales.

Su mamá encuentra una foto de Yellowstone para que ella la use. Todos están de acuerdo en que el artículo de Sarah es el mejor... hasta ahora.

¿Qué aprendiste?

① Coloca estos números en el orden correcto del más grande al más pequeño: 1,091 2,365 1,354 3,078, 12,678 12,687

Usa una hoja de papel separada.

② Redondea estos números al decimal más cercano:

1,236 pies son unos ____________ pies.

732 pies son unos ____________ pies.

957 yardas son unas ____________ yardas.

Usa una hoja de papel separada.

Glosario

ordenar: poner en orden siguiendo una regla

valor numérico: el valor de cada dígito en un número, basándose en la ubicación del dígito

redondear: reemplazar un número por otro número que da una idea de cuántos o cuánto hay de algo

línea cronológica: una recta numérica con fechas

Índice

Nota acerca de la autora

Linda Bussell ha escrito y diseñado libros, materias educativas suplementarias y programas de software para niños y jóvenes. Ella vive con su familia en San Diego, California.